PHYSIOLOGIE

DE

LA TOILETTE,

Par Charles Debelle et A. Delbès.

LE SEIGNEUR. — Pourquoi te cachais-tu ?
ADAM. (Trouble et cherchant un caleçon.)
Il est bon là !

Ancien Testament.

PARIS,

, LIBRAIRE, RUE SAINT-ANDRÉ-DES-ARTS, 39.

1842.

PHYSIOLOGIE

DE

LA TOILETTE.

$\dfrac{I_{ii}^{\,6}}{79}$

SAINT-DENIS — IMPRIMERIE DE PREVOT ET DROUARD.

PHYSIOLOGIE

DE

LA TOILETTE,

PAR

Charles Debelle et A. Delbès.

— — —

. . . . TAILLEUR. . . . .
Prends ce titre de gloire — ornes en ta boutique,
Et tache, pour un franc, d'en parer ta pratique.

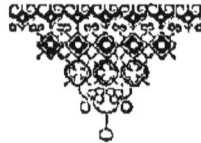

Ode au Tailleur.

PARIS,

CHEZ DESLOGES, LIBRAIRE, RUE SAINT-ANDRÉ-DES-ARTS, 39.

— —

1842.

À

Monsieur Chodruc-Duclos.

———◆———

Ce livre, à toi, Duclos! — reçois-le de nous deux,
Comme un dernier hommage à l'habit malheureux.

✦

Quand, la première fois, sous les arceaux de pierre,
Je t'aperçus, errant, promeneur solitaire,
Nu, sous les vieux lambeaux d'un drap dépareillé ;
Je me dis : Ce problème est-il sombre ou risible ?

Est-ce un sage,—est-ce un fou,—qui se pose, impassible,
　　Comme un rebus déguenillé?

　　　　　　　※

Puis, j'ai su que Bordeaux t'avait connu splendide ;
Que tu fus le Brummel , l'idéal des tailleurs ;
Qu'ils étaient trop heureux , quand leur avis timide,
N'était point écrasé sous tes dédains railleurs.

Tu t'habillais alors !... Toujours irréprochable,
Le moindre pli douteux t'aurait trouvé cruel ;
Même à nos merveilleux tu semblais incroyable,
Et tu ne déchirais tes habits qu'en duel !

　　　　　　　※

Mais depuis, quel déchet ! et comme dit Racine :
Comment, en un plomb vil l'or pur s'est-il changé?
Quels malheurs t'ont réduit à l'état de débine,
Où , depuis si longtemps tu te trouves plongé ?

Je n'en sais rien — Quoi ! cela vous arrête ?
　　Me dit, Déficit, mon tailleur,
　Je vous croyais plus fin , sur mon honneur !
Du reste le moyen n'est vraiment pas trop bête ;
　　Chodruc est un lion vaincu ,
　　Ne pouvant plus faire sa tête,
　　Il veut du moins montrer son nu.

Du Costume dans le Paradis terrestre et autres lieux voisins.

Le Seigneur. — Pourquoi te cachais-tu ?
Adam. (*Troublé et cherchant un caleçon*)
Il est bon là.

Ancien-Testament.

En ne lisant pas les auteurs anciens, on acquiert la conviction que l'usage des vêtemens doit remonter très haut. — Depuis le feuillage de la honte, dont se couvrit Adam, quand il s'aperçut qu'il n'avait pas de paletot, jusqu'à l'habit de chasse d'Humann, on comprend qu'il a dû s'écouler bien des coupes, bien des pans,

bien des basques. Il est probable que le vêtement fut d'abord une nécessité, avant de devenir une fantaisie.

Quand les hommes eurent compris que le
froid était un mauvais pantalon, ils cherchè-
rent à s'envelopper d'autre chose, et la pensée
humaine accoucha des habits Hébreux, Phéni-
ciens, Égyptiens, Gaulois, etc., etc., qui se-
raient aujourd'hui juste, suffisans, pour se
présenter à l'école de natation. Je suis étonné
que la tradition ait donné l'idée de se vêtir à
un homme ; il me semble que ceux qui ont in-
venté ces histoires d'avant-monde, auraient dû
faire pousser cette idée là dans un cerveau fé-
minin ; — car c'est un fait certain, que, nous
autres mâles, nous manquons de pudeur en
général.—En particulier, c'est différent, nous
n'en avons pas du tout. Quoi qu'il en puisse
être, le projet du vêtement avait surgi, et
avec cette feuille — de vigne, probablement
— Adam venait de créer, d'un seul coup, habit, gilet, pantalon, cravate, bas, bottes,

sous-pieds, robe, jupon, corset et Crinoline-
Oudinot.

Il ne tiendrait qu'à moi, ainsi que cela se
pratique, d'abuser de mon lecteur, en lui faisant passer sous les yeux les costumes antédi-

ens, romains, moyen-âge, Louis XV et autres; le tout flanqué d'érudition à coups de
chroniques et de dictionnaires. J'espère qu'on
me saura gré d'arriver d'emblée à l'an de grâce
et de physiologies 41.

L'Habit c'est la Société.

L'habit fait le moine.

— Ah ! bah ; laissez donc !

— Oui, monsieur; l'habit, c'est la société.

Pas d'habit sans société, c'est vrai ; mais aussi, pas de société sans habit.

Je rirais bien de voir toute nue, une monarchie entourée d'institutions républicaines.

J'ai coudoyé, chez Deligny, d'augustes tibias, j'ai vu l'exiguité aristocratique des mollets-princiers, et, ma foi, si d'officieux cornacs ne m'avaient dit : la tête, dont vous voyez les jambes appartient au duc de...... je veux être empaillé, si je l'aurais deviné.

D'où je conclus à la nécessité du vêtement, — ne fût-ce que comme étiquette du bocal et

comme le meilleur, pour ne pas dire le seul
moyen de marquer les distances respectives et
la position sociale de chaque individu.

Je sais qu'un connaisseur s'y retrouverait, à
la rigueur; et qu'entre le métier de l'individu
et sa complexion physique, il est certaines af-
finités, certains rapports qu'on peut saisir;
mais, enfin, il est des exceptions: on peut être
gras, sans être charcutier ni sapeur de la garde
nationale; il est permis d'être vieux, laid et
très cagneux, sans être par cela même, et nécessairement, pair de France. Mais, moi qui
vous parle, — indépendamment de ma tête,
qui est fort belle, la distinction de mes formes,
ma nature un peu frêle, la finesse de ma
jambe, mes oreilles petites, ma main blanche,
mes extrémités délicates, tout cela sent d'une
lieue son prince pur sang, et cependant je me
plais à croire qu'il n'en est rien.

Décidément je reconclus à l'immense utilité
du vêtement.

Car, figurez-vous, si vous pouvez, dans

l'état actuel des choses, en 41, un homme non vêtu! que deviendrait-il, l'infortuné? le moyen de se présenter dans le monde sans chemise, et d'y faire son chemin sans bottes! quelle fausse position! fût-il plus noble que l'Apollon, plus beau que le gladiateur, plus gracieux qu'Antinoüs, il n'évitera pas l'affreuse perspective d'être empoigné — aux cheveux — faute de collet, pour outrage à la morale publique, par un garde municipal peu caressant, le tout sous prétexte de nudité, et à la mortification générale des modistes, lingères, coloristes, brocheuses et autres charmans petits êtres à corset, auxquels la vue d'un jeune Monsieur quelconque dans une tenue aussi décolletée, sans paraître une chose nouvelle, doit évidemment procurer une certaine dose de satisfaction. Elles veulent bien qu'il soit empoigné, mais.........

Et pourtant, quelle est, je vous prie, la grande prétention des vêtemens actuels, sinon de reproduire, de dessiner le nu, d'accuser les

L'Habit c'est la Société.

L'habit fait le moine.

— Ah! bah; laissez donc!

— Oui, monsieur; l'habit, c'est la société.

Pas d'habit sans société, c'est vrai; mais aussi, pas de société sans habit.

Je rirais bien de voir toute nue, une monarchie entourée d'institutions républicaines.

J'ai coudoyé, chez Deligny, d'augustes tibias, j'ai vu l'exiguité aristocratique des mollets-princiers, et, ma foi, si d'officicieux cornacs ne m'avaient dit : la tête, dont vous voyez les jambes appartient au duc de...... je veux être empaillé, si je l'aurais deviné.

D'où je conclus à la nécessité du vêtement, — ne fût-ce que comme étiquette du bocal et

formes exactes; et vous appréhendez au corps
celui qui, mieux que vous tous et à moins de
frais, arrive au beau réel, à votre idéal!

O contresens!

On viendra me dire, après ça, que tous
les Français sont égaux devant la loi! mais
il y a une révoltante, une injuste différence
entre un homme déshabillé et un homme habillé, ladite différence entièrement à l'avantage du dernier; de façon que, moi, par exemple, je ne suis égal devant la loi, qu'à la condition d'être enfermé dans trois mètres de
Louviers; c'est humiliant! et si la mère Tra-
falgar, ma femme de ménage, à laquelle je dois
trois mois, et un qui court, au lieu de battre
mes habits s'avisait de les garder. Hein? ou si
seulement je faisais un accroc, impossible à
décrire, à mon unique pantalon, je serais donc,
par ce fait seul, destitué de tous mes droits de
citoyen, de mes privilèges d'homme libre qui
peut circuler dans les rues, je serais réduit à
l'état d'ilote, de paria. *Au fond,* ce serait em-

barrassant, et j'ai la chair de poule, quand je songe que cela me pend un jour........ à l'oreille.

Si c'était un soir, ça me serait égal.

Ah! voilà, voilà où on voit que ceux qui ont fait les lois avaient des culottes de rechange.

Est-il nécessaire d'être bien fait pour avoir bonne tournure.

A tout homme bien fait que la ouate
est chere !

HUMANN (*pas des finances*).

Du temps que Jupiter était roi des Belges, que les bêtes parlaient et que les mortels ne s'habillaient pas, je ne sais trop si la société avait idée de ce que c'était que la tournure.

Pour les hommes, être musclé à décorner un bœuf, les jointures fines, la tête petite et les épaules larges, voilà ce qui devait s'appeler *avoir bonne tournure*, reins saillans, dos cambré, jambe souple, chair de pierre, devait être le suprême bon ton pour les femmes. — Temps naïfs ou l'on achetait chat en poche sans pouvoir être volé.

O civilisation ! — Qu'as-tu fait de nos formes primitives ?

O civilisation ! — Si tu n'avais amolli que nos mœurs ! Mais il faut te rendre cette justice, ô génie civilisateur ! — Tu as mis le quinquina à côté de la fièvre. — L'art s'est enrichi à mesure que les natures s'appauvrissaient, et si l'on voyait, aux premiers âges, des formes plus idéales, l'on ne put jamais, comme de nos jours, voir de faussetés plus désirables.

Être bien fait pour avoir bonne tournure, ah! pour qui nous prenez-vous ? — Sommes-nous des Osages ou des Zélandais, des Caraïbes ou des Patagons. — Ah ! fi donc !

Non, — soyez un peu maigre, assez grand, et ayez de la barbe. — (Je suppose que vous n'êtes pas bossu.) — Soyez, mesdames, comme vous le voudrez (toujours sans être bossues), et habillez-vous — Ne ménagez ni la ouate,

2

ni le plastron, ni les jupons empesés. Ayez
bonne couturière, bon tailleur, chapelier, bot-
tier, marchande de modes passables, et du goût.
— Mèlez, ne payez pas, vous serez mieux ser-
vis ; et apportez-vous aux promeneurs des Tuileries. — Vous êtes bien.

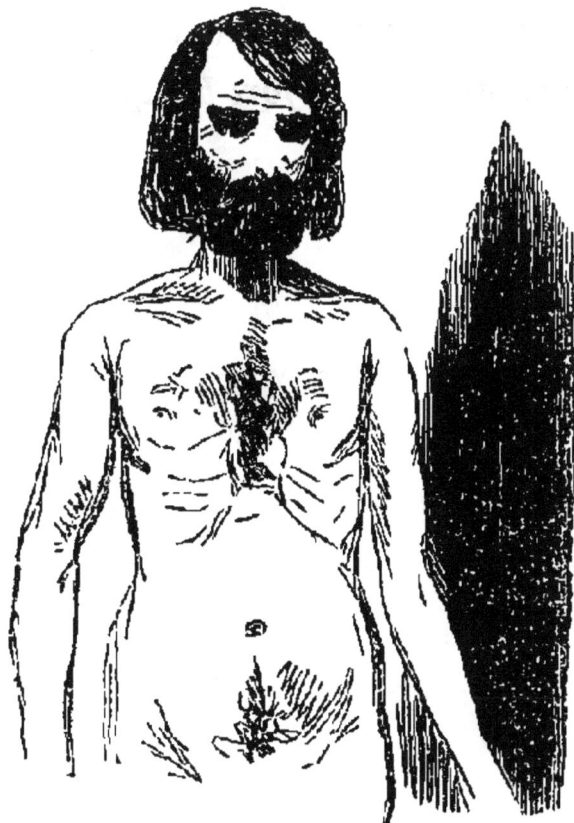

Mais s'il fallait être bien fait, — les modèles, —ces rares exceptions qui ont de belles formes; — ces malheureux qui se permettent d'être mieux que nous;—mais cela vous ferait d'adorables dandys, et il faut leur rendre cette justice, qu'en leur mettant quoi que ce soit sur le dos, ils ont l'air parfaitement maçons.

Donc, nous sommes forcés de conclure : *qu'on peut être mal bâti et fort bien fait.*

Être et paraître.

> S'il est vrai que le crâne se moule
> sur le cerveau,
> Il est faux que l'habit se moule sur
> le corps.
>
> *Phrénologie de la Culotte.*

Les Johannots, ces princes de la vignette, et depuis eux Gavarni, possèdent un secret spécial pour camper, en trois coups de crayon, de petites femmes divines, tout à la fois fines et fortes, frêles et potelées; des anges en robes de soie.

C'est charmant, — mais ça n'a pas le sens commun.

Au premier abord, cela me séduit et j'admire; puis, si je regarde longtemps, et que sous ces gracieux chiffons, ma pensée d'artiste cherche le nu, il arrive que je ne trouve rien; et cependant c'est joli, très joli.

A coup sûr je ne suis pas méchant, au contraire, mon quartier vous le dira; je suis tout-à-fait azyme et sans fiel, doux et candide comme un agneau, pas plus de rancune que le bœuf gras; eh bien, du jour où j'en voudrai mortellement à un monsieur, je ne me battrai pas avec lui, c'est connu; je n'appellerai sur sa tête ni la guillotine ni quinze francs d'amende, mais je lui souhaiterai, je lui souhaiterai à lui et à sa femme, d'être faits comme ils désirent le paraître.

C'est bien de ceux là que feu Mayeux aurait pu dire en les voyant passer: tonnerre de Dieu, est-il permis d'être fichu comme ça!

De la puissance de la mise sur les bonnes fortunes.

> Les femmes sont des alouettes qu'on prend au miroir.
>
> *Celui qui était bon chasseur autrefois.*

Dans la rue, l'esprit ne se voit pas ; la toilette se voit.

Soyez un génie et ayez un habit problématique, un pantalon paradoxal et un gilet sans définition ; — les femmes riront, si elles ne vous connaissent pas. — L'amour commence comme il finit ; — tué par les sens, il naît d'eux. — Les yeux sont les wagons du chemin du cœur ; —

ils portent là ce qu'ils reçoivent ici, — c'est incontestable.

Supposons l'impossible — eussiez-vous
moins d'esprit qu'un discours académique, si
vous vous mettez bien, vous serez remarqué,
c'est forcé. — La mise a commencé plus de
vraies passions, que l'esprit, la bonté ou le talent n'en ont fini.

Vous ne vous doutez pas, gens de tous les
pays qui êtes d'un sexe et qui aimez l'autre,
vous ne vous doutez pas de ce que peut un pli
agaçant, une bosse gracieuse, un rembouré vo-
luptueux. — L'amour, mais l'amour, c'est dans
ce pli qu'il loge, c'est sous cette bosse qu'il se
cache, c'est de ce rembouré qu'il surgira.

Qui ne l'a dit, — qui ne l'a crié sur les toits.
— L'amour ordinaire est plus dans le cerveau
que dans le cœur; — stimulez-les donc ces cer-
veaux féminins, si vous voulez être un homme
à femmes, réputation absurde, mais qui rap-
porte.

Si je vous disais, et ça ne fait pas l'éloge du

sexe qui accouche, au moins, — si je vous disais que j'ai connu un acteur ridicule d'un théâtre borgne qui avait des femmes de pairs de France, — et qu'il les devait à ses maillots et à son blanc de perles.—Il a fait, malgré ses scrofules et sa nullité, plus de conquêtes que Byron. — A la ville, vous lui eussiez donné un sou, — vous ne lui eussiez pas donné un sou.

Le costume prend l'imagination; — l'imagination croit prendre le cœur. — Les femmes aiment de trois manières, — peu avec la seconde, souvent avec la première, toujours avec la troisième. — La première, c'est avec la tête; — la seconde, avec le cœur; — la troisième, ce n'est ni avec le cœur ni avec la tête, c'est ce qui explique comment *la toilette a de l'influence sur les bonnes fortunes.*

Des Étoffes, — De leur Couleur, — De leur Apprêt, — De leur Luisant.

Ça me tue l'œil.

UN RAPIN.

Nous touchons à un point délicat, incompris, ignoré de l'art de se mettre.

Le choix de l'étoffe est-il indifférent, le croyez-vous? L'étoffe de l'habit convient-elle au pantalon? La redingote peut-elle être de la couleur de l'habit. Ah! c'est là qu'il faut de la méthode, de la clarté; je dirais presque du savoir, s'il ne fallait pas que je dise du génie.

Jeunes élèves auxquels il ne manque que

l'enseignement pour devenir ce que vous pouvez être, qui n'avez besoin que d'un mot pour comprendre, — méditez moi.

Je vais être excessivement profond!

De toutes les couleurs, — sans hésiter l'on peut dire que le noir, pour les deux sexes, est ce qu'il y a de mieux. — Partant de ce point, j'ajouterai que de toutes les nuances, quelles qu'elles soient, celles qui s'en rapprochent le plus seront le mieux portées. Redoutez le voyant, — si ce n'est pour le négligé, — craignez le marron,—défiez-vous du bleu;—abhorrez le jaune : — le nankin est loin, mes chers amis! — Mais pourtant, l'été arrive, le soleil darde, les arbres sont verts. — Que mettrons-nous donc? Ne faites jamais tache au milieu des groupes, et prenez la nuance qui vous convient.

Aimez-vous le vert, — qu'il soit sombre. — Aimez-vous le brun, — qu'il soit noir. — Aimez-vous le bleu, — qu'on n'en soit pas sûr.

Mais pour Dieu, gens d'esprit, — ne ressem-

blez pas à un cygne sur un bassin, — à un dra-
peau tricolore sur les Invalides. — Qu'on ne
vous voye pas de loin.

Pour les femmes, c'est différent; — le voyant
distingué ne leur messied pas; — les contrastes
leur plaisent, et elles plaisent assez par les contrastes. — L'écharpe noire sur la robe blanche
est bien portée, le bleu ciel nous convient assez; — le rose a des charmes et le vert se supporte. Je ne vous parlerai pas de la couleur qui
va aux brunes, de la nuance qui convient aux
blondes, ce sont des choses tombées dans le
domaine de la trivialité, et que ma portière
n'ignore nullement.

J'ajouterai seulement, femmes qui êtes jolies
et qui voulez être charmantes, — que rien ne
soit heurté, — que tout soit moëlleux de couleur et de forme; — n'épargnez pas les plis. —
Il y a un suicide dans chacun d'eux, *et ça fait
toujours plaisir.*

Rejetons le trop d'apprêt, et surtout le luisant
des étoffes neuves. Il y a encore dans quelques

magasins de l'âge d'or, une certaine étoffe qu'on appelle je crois du Lasting.

Prenez de la toile à matelas, — sortez en turc, — habillez-vous en sauvage, — jamais en lasting.

Du Danger de ressembler à une Gravure de mode.

A deed without name.

MACBETH.

Êtes-vous bossu, — vous manque-t-il un œil, — avez-vous besoin du docteur Baudens, — lisez-vous les feuilletons d'Elie Berthet. — Certainement, ce sont là des calamités; mais qu'est-ce, bon Dieu? qu'est-ce que tout cela en face de cette infirmité horrible, ressembler à une gravure de mode.

Vous vous rappelez avoir vu à travers les vitres du dernier tailleur venu, ces petits hommes roses, frisés, peignés, sans qu'un poil passe l'autre, avec des pieds en bois et des pantalons en carton. — Véritables enseignes de fabricans de chemises, monstres mixtes, tenant du garçon de café par la tête, et du tailleur par le corps.

Eh bien, on voit de ces enseignes vivantes dans le monde.

Ce sont de ces hommes qui périssent toujours d'une balle, pourvu qu'on possède quelque habitude de casser des poupées. — Gardez-vous donc de vous passer à l'empois avant de sortir de votre gite. Plutôt cent fois plutôt, débraillez-vous, faites-vous des plis aux manches, des genouillères au pantalon, laissez votre gilet ouvert, et que le nœud de votre cravate regarde votre épaule; mieux vaut, je vous le dis, *un homme lâché qu'un homme léché.*

**Un Homme frisé est absurde; — Une Femme
coiffée est charmante.**

(Que de gens qui le sont, et ne
voudrait pas l'être.)

Les coiffures des femmes peuvent se réduire
à cinq grands genres :

*La chinoise, les papillottes, les rouleaux,
les bandeaux et les nattes.*

Nous ne nous occuperons pas du chignon, les
femmes qui savent vivre le portent le plus bas
possible.

La *Chinoise,* — elle convient aux femmes
roses, fraîches, grasses, brunes ou blondes ;

mais plutôt blondes, si elles ont le front haut
et découvert. — Beauté si grande et si peu com-
mune, — va mal aux grandes lignes. — Les
cheveux ainsi relevés et l'indispensable accro-
che-cœur pour les petits cheveux, donnent aux
femmes un air jeune fille, même à celles qui
ne l'ont plus : — l'air jeune fille.

Les *Papillottes*, — partage presque exclusif

des cheveux blonds, soyeux, légèrement crépus, ou tout-à-fait mous.—Elles se doivent porter en larges touffes descendant fort bas. — Les *anglaises* ne sont qu'une variété de la papillotte. — La chinoise, les papillottes et les anglaises, mais la chinoise surtout, convient aux femmes d'un blond audacieux et indécent. Notre livre s'adresse à toutes les couleurs.

Les *Rouleaux* sentent la province, et sent

d assez mauvais ton en général. — Ils ont pour
variété les repentirs. — Ces coiffures deman-
dent une grande ingénuité de visage : les femmes des villes ne doivent plus se les permettre
passé vingt-ans ; elles visent à la vierge.

Les *Bandeaux*, question très complexe selon
la longueur qu'on leur donne. — Le bandeau
va mal aux blondes, — admirable, chez les
brunes, le *Bandeau très court* est la plus dé-
licieuse, la plus distinguée des coiffures,—mais

il exige des traits arqués, de l'embonpoint
sans graisse, et une taille un peu élevée.—Les
femmes qui ont de la Judith de Vernet , du
Georges Sand, ou de la Grisi dans les traits,
peuvent seules espérer porter le bandeau
court.

Le *Bandeau moyen* est joli, moins distingué
que l'autre, — plus théâtre, moins bonne compagnie, mais il se supporte.

Le *Bandeau long* est la coiffure la plus dé-
hanchée, la plus débardeur, la plus quartier
latin qui se voie ; — il sent sa Chaumière d'un
kilomètre. — Ce bandeau-là , — le droit l'a dé-
mêlé ; la médecine l'a peigné ; — la pharmacie
l'a lissé ; — toutes les facultés l'ont enmêlé,
— moins la théologie , — et encore ! Il vit de la
Seine au Panthéon ; on le rencontre surtout au

Luxembourg et à la barrière Mont-Parnasse :
— c'est le don César de la coiffure. — Il arrive
en disant : *Tant pis, c'est moi.*

Les *Nattes ;* elles conviennent aux cheveux
noirs, sur des joues pâles, maladives, fatiguées;
— elles aggravent peut-être cette tendance à
l'air abattu, — mais elles poétisent les traits et
mélancolisent le visage.—Les femmes qui peu-

vent porter les nattes sont sans contredit celles qui ont le plus de morts d'hommes à se reprocher ; — elles inspirent plus de passions vraies, que de caprices, — plus d'amour profond, que de sentimens légers. —Elles n'ont pas besoin d'être belles, — elles ont un cachet fatal ;—ce sont des femmes à beaucoup adorer, ou à beaucoup redouter ; elles cireront vos bottes, mais elles vous donneront plusieurs coups de grattoir dans la poitrine. Elles embaumeront votre existence de leur amour, mais elles vous empoisonneront avec du verre pilé;—ce sont des femmes qui tendent à se Lafargiser.

Que Dieu vous garde des femmes pâles et à nattes.

Coiffure d'homme. — Deux et pas d'autres ; — cheveux courts ou médiocrement longs, — à raie ou sans raie.

Courts —est ce qui est le mieux porté, mais il faut une barbe forte.

Longs, — figure jeune, blonde ou brune ,

rose ou pâle; — raie droite, — sans frisure.
(*Eviter la coiffure du garçon de café ou du garçon coiffeur.*)

Somme toute, une femme coiffée est charmante, un homme frisé est absurde.

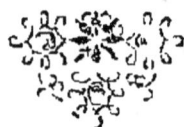

De la Cravate.

Tu nous prends à la gorge, et tu
reçois les cous.

Un de nos hommes d'esprit a fait, je crois,
sur la cravate, un code que je lirai plus tard.

Je ne l'ai pas lu, de peur de me rendre cou-
pable à son égard d'un plagiat involontaire.—
D'ailleurs, il a consacré à cela tout un volume,
et mon imprimeur ne m'accorde que quelques
lignes; je ne ferai donc jamais autant *d'im-
pression* que lui.

La Trinité de la cravate se décompose ainsi :
blanche — noire — fantaisie.

A. Rose...

La cravate blanche est l'apanage presque
exclusif de l'homme de robe, qu'il soit magis-
trat ou professeur : du reste, c'est ici affaire
d'obligation plutôt que d'élégance. Elle n'est
ni l'un ni l'autre, pour les chefs de bureau ;

c'est pourquoi ils en portent tous. Les ordonnateurs des pompes funèbres en entourent leur lamentable cou, quand ils sont dans l'exercice de leurs inutiles fonctions. Mais chez eux la tristesse déteint, et jamais elle n'exista pour ces messieurs à l'état d'une *entière blancheur* (opéra-comique). Le premier communiant la déteste : aussi il en a toujours une, quelquefois deux, dont une au bras; *symbole d'innocence.*

Je préfère *cinq bols* de punch.

Quand on est qu'homme du monde, on ne doit aborder la cravate blanche qu'avec un saint respect, une religieuse appréhension : elle est de ces choses où le beau frise de près le ridicule. Elle va aux barbes longues, et leur donne un cachet de propreté.

La cravate noire sied à tout le monde. Elle est de tous les âges, de tous les états, de toutes les saisons. Voyez-vous ce pantalon bleu, cette redingotte bleue, d'où s'échappe un bout de ruban, c'est nécessairement un militaire. Eh

bien ! dépassez le promeneur, et si la redingote est fermée, pariez pour un officier en re-
traite. Plus la redingote est boutonnée, plus
l'homme est en demi-solde ; et, vous en avez la
certitude absolue, s'il porte une cravate noire ;
je devrais dire sa cravate noire, son unique ; il
ne la quitte jamais , — c'est elle qui le quitte.
O cravate noire ! providence du linge douteux,
et quelquefois, le dirai-je ? de la chemise ab-
sente, que de services ne rends-tu pas ? tu es à
la fois belle et bonne !

Garçons, mes confrères, si, d'aventure, vous
faites trouvaille d'une femme qui réunisse les
qualités de la cravate noire, prenez-la vite, et
pour Dieu ! soyez-lui fidèle ; car elle est bon
teint, douce au toucher, agréable l'été, et très
chaude l'hiver. Moi, qui vous parle, j'en ai
toujours.

La fantaisie, cet enfant gâté de la mode, est
un être multiple, trop changeant, trop divers,
pour que nous essayions de le suivre dans ses
innombrables caprices. Le champ est vaste ; à

vous de savoir choisir, c'est là qu'est le *nœud*.

Mais ici, permettez-moi d'ôter la mienne. Je *sens* que le *mien* me monte à la tête. Les tempes me battent, et mon front rougit d'indignation, quand je pense aux inventions stupides qui courent les rues, et encombrent les boutiques sous le nom de cols avec ou sans pattes.

Cols de toutes couleurs, de toute étoffe, en caoutchouc, en jonc tressé, en chiendent, en baleine et en crin de balai réformé. J'en ai vu en zinc; pourquoi pas, puisqu'on porte des nez en fer-blanc? On a déjà aboli la marque : vienne un second progrès, et les cols disparaîtront avec le carcan.

Mais avant il faut une réparation, et je prétends faire une pétition aux chambres, pour qu'elles condamnent un sieur Oudinot à cinq ans de crinoline forcée. Tous les cous français la signeront.

Collet, Paremens, Revers, Basques et Boutons; Chapitre aussi ennuyeux qu'intéressant.

Prenez mon ours.

Collet. — En général, et quelle que soit la mode, homme à col long, collet un peu large, — homme à col ordinaire ou court, collet étroit ou très-étroit.

Paremens. — Long dans les négligés; les par-dessus, les paletots. — Court dans les habits, les redingotes.

Revers. — Toujours plutôt petits et peu longs, que grands et larges; — exception pour les surtout, ou ils peuvent être exagérés.

Mais ce qui importe pour la grâce du vêtement, c'est que ces trois parties aient été pres-
sées à l'extrême ; — que tout cela soit d'un
mince idéal, comme une feuille de papier pliée
en deux.

Basques. — Dans les habits, longues toujours, mais coupées à fantaisie. — Dans les redingotes, courtes, mais jamais trop. — Trop
longues, menuisier ; trop courtes, perruquier.
— Prendre pour mesure le dessus du jarret.

Boutons. — Question de fantaisie, mais gé-
néralement plutôt grands, larges, minces, que
petits, gros et bombés. — Fuyez les brande-
bourgs, apanage du Polonais réfugié, ou du
marchand de vulnéraire. — Vêtement d'hiver,
boutons écartés à la taille. — Habits d'été, —
boutons rapprochés ; rarement bouton de métal, si ce n'est pour habit de cheval, de chasse,
du matin.

Gilets. — Boutons de l'étoffe, ordinairement.

Bourgeois généreux, lecteur courageux, —

Grand garde national ! qui as supporté, sans faiblir, les quatre cent quatre-vingts kilogrammes que pèse ce chapitre, — reçois mes remerciemens, — accepte la croix, tu as noblement porté la tienne; je t'enverrai un billet du Lazary avec droits.

Quelques mots à propos de bottes.

25 octobre 1841.

ALMANACH.

Grand saint Crépin, inspire-moi ; préserve-moi des *cuirs*, et soutiens mon *haleine*.

C'est une rare bonne fortune qu'une paire de bottes convenables.

On ne porte guère le soulier, il est désavantageux, et s'avachit.

Le brodequin le remplace avec succès, encore sans lacet ; car il est trop fatigant de se *lacer*, et d'avoir la cheville dans un corset.

Il y a des pieds qui méritent des soufflets, ce sont ceux qui portent des *claques*.

Restent les socques, que je ne citerai que pour mémoire, c'est quelque chose de honteux, que je ne sais comment *articuler*. Plutôt que d'en user, j'aimerais mieux avoir deux jambes de bois ; d'abord, c'est économique ; et ensuite, on peut se flatter d'avoir la jambe *faite au tour*.

E Lacoste

Du système cellulaire de la peine de mort, et des bottes trop étroites.

> . . . Je lui comprimai les pieds, et
> j'en fis tout ce que je voulus.
>
> *Mémoires d'un vieux Chauffeur.*

Législateurs inventifs des temps modernes, vous qui avez imaginé le système cellulaire pour faire pendant à la peine de mort, — vous n'avez pas trouvé celui-là. — Savez-vous ce que c'est, jambes à pantoufles, qui jugez sur un fauteuil élastique, savez-vous ce que c'est que le supplice des bottes trop étroites. Entre celui-là et l'échafaud, bien des gens préféreraient le pâté de foie gras, allez!...

Condamné aux bottes étroites! ah! ça donne des cors, rien que d'y penser.... Savez-vous ce que c'est, tripoteurs de codes, que d'avoir des courses à faire; — d'aller à la noce, — d'avoir de l'esprit, — de rencontrer un bavard, — d'avoir une tante à promener, — de se trouver sans clé à minuit trois quarts; tout cela avec des bottes étroites. La cellule, c'est la botte trop étroite de la pensée... jugez...

Avec ces bottes, pas de tournure possible, d'élégance réalisable. — Mais c'est qu'on n'ose pas avouer cela encore. — Vous avez une réputation de garçon spirituel, vous arrivez dans un cercle, vous êtes bête comme un pieu, ou vous ne dites pas un mot.

— Est-ce que vous êtes malade, monsieur J. J. dit la maîtresse de la maison avec une empressée sollicitude.

Vous êtes forcé de vous laisser supposer des peines de cœur.

En conscience, vous ne pouvez pas répondre.
— Non, madame, j'ai des bottes trop étroites.

Je vous le dis, vous n'avez pas même l'excuse de votre douleur.

Soyez poitrinaire, si ça peut vous faire plaisir, vous vous plaindrez de la poitrine; ayez
mal à la tête, vous avouerez une migraine;
mais jamais vous n'oserez dire que vous portez

deux étaux en cuir verni ; — ça ne se fait pas.
— Si vous tenez donc à votre tournure, à votre
esprit, ne faites pas petit pied si vous l'avez
grand.

Car je vous le prédis, quand la civilisation,
cette grande touche-à-tout aura fait encore une
enjambée, — on ne condamnera plus à la cellule ou à l'échafaud. — On condamnera aux
bottes trop étroites à temps ou à perpétuité,
avec exposition des pieds au soleil.....

Essai philosophique et gastronomique
sur les talons de bottes.

Garçon ! un chevalteak aux pommes.

VIOT, *dentiste à 6 sous le plat.*

Philosophique? Oui, certes; car le plus ou le moins de hauteur d'un talon, peut influer considérablement sur la destinée. N'ayez pas de talons trop haut, vous souffrirez, vous serez d'une humeur massacrante, et votre future, à la première visite, que vous lui rendrez, vous trouvera du caractère le plus maussade; voilà un mariage manqué, n'ayez pas de talons et vous *grandirez* dans son estime.

Gastronomique? Oui vraiment, en ce temps
où la viande de bœuf devient un objet de luxe,
ou le mouton est passé à l'état d'allégorie, le
cheval ne défraie que trop souvent les restau-
rans. — Il y a quelque chose d'ignoble qu'on
appelle du gras double; il ne m'a jamais été
bien démontré que ces sortes de lanières blan-
châtres ne fussent pas de la culotte de gendarme
ou des buffleteries de garde national. Lequel
des deux, je n'en sais rien, mais à coup sûr
c'est l'un des deux. Je ne le cache pas, pour ma
part, je préférerais de beaucoup, à ce ragoût, un
talon de botte au beurre d'anchois. C'est peut-
être un peu sec? Ah! bah, la sauce fait toujours
manger le poisson; quant aux chevilles, elles
pourront passer pour des arètes, d'ailleurs on
n'est pas forcé de les avaler.

Du Sous-pied et du Pantalon.

Ça me fait une belle jambe.

Question grave, question capitale.

Et d'abord posons un fait : il n'y a pas de tailleurs qui sachent poser un sous-pied, c'est à vous, si vous avez de l'œil, et de bons ciseaux, à suppléer à leur insuffisance, — pas *des ciseaux*.

Mais, j'éprouve le besoin de vous mépriser si vous portez des sous-pieds à chaines ou plaques de métal; après cela, si vous tenez absolument à déchirer votre pantalon, vous n'avez qu'à

mettre des sous-pieds mobiles à boutons fixes,
— Ce dernier genre n'est accepté que pour les
pantalons de daim, et encore à cheval.

J'ai vu de bons et braves jeunes gens, qui pa-
raissaient jouir de toutes leurs facultés intel-
lectuelles, et qui sous prétexte d'être pantalon-
nés comme il faut, tendaient ledit pantalon au
point de ne pouvoir ni se baisser ni s'asseoir.
Dès lors il est infaillible que s'ils veulent mon-
ter en omnibus, ou ramasser leur gant, l'étoffe
se fendra au genou; et s'ils ont oublié leur
bourse, ils reviendront chez eux avec un mou-
choir en guise de genouillère de couvreur. —
J'en connais un qui laissa tomber *trois mille
francs* à terre, et qui cependant aima mieux ne
pas les ramasser, que de s'exposer à une solu-
tion de continuité d'autant plus dangereuse que
son pantalon n'était pas forcé de se déchirer
juste au genou et pouvait se fendre partout
ailleurs, chose fort désagréable, *postérieure-
ment parlant.*

C'est l'histoire des officiers russes, dont les

étuis en drap semblent des rideaux vigoureuse-
ment tringlés du haut et du bas.

Si pourtant mes conseils ne pouvaient guérir
ceux qui sont affectés de cette manie, je leur
proposerai des pantalons en tôle avec coude au
genou.

Je connais un fumiste qui leur cédera à bon
compte d'excellens tuyaux de poële.

De la nécessité d'avoir des sous-pieds en peau de femme.

Pourquoi pas ?

Dans mes profondes élucubrations sur le sous-pied, une chose m'a cruellement préoccupé, c'est la qualité du cuir.

Il le faut mince et fort, souple et résistant ; c'est embarrassant, où diable trouver ce cuir-là ?

Je crois avoir résolu le problème en conseillant l'emploi des sous-pieds en peau de femme.

Soit donc un cuir quelconque :

Vous m'accorderez que plus il sera massé,

manié, travaillé, plus il acquerra à la fois de force et de souplesse.

Or, les innombrables caresses dont on accable le séduisant épiderme d'une jolie femme, équivalent comme résultat à un travail consciencieux. Il est donc incontestable, qu'après un certain laps de temps donné à cette occupation si naturel), ledit épiderme doit se trouver dans les conditions précitées, et si rares, de faiblesse résistante.

Ceci admis, il ne vous manque plus pour avoir vos sous-pieds, qu'un sujet vivant qui consente à fournir l'étoffe. J'ai cherché, je n'ai pas trouvé.

Mais les amphithéâtres sont là! en deux minutes, avec un bon scalpel, vous prélevez la mesure exacte sur tel endroit que vous voulez; en préférant toutefois celui qui, selon toute apparence, a acquis par l'exercice durant la vie le plus de solidité posthume.

Quels sous-pieds! on n'en voit pas la fin!

Une cinquième jambe.

Canne. — Petit animal amphibie et
à deux jambes.

Agenda d'un Anglais.

Cela supposerait que l'homme est un animal
à quatre pattes; mais la cinquième où la trouver, sinon dans la canne?

Canne, tu es agréable, mais il faut te comprendre; — tel individu veut un rotin, tel physique un jonc à pomme d'or. — Avez-vous remarqué tout ce qu'il y a de coquet dans la manière de balancer un produit de Thomassin, et

combien la désinvolture gagne de nonchalance aisée, en compagnie de ce meuble aussi nécessaire qu'inutile? Il y a des élégans qui se figurent l'être d'avantage, parce qu'ils sont attachés après un bâton d'ivoire massif ou une corne de Rhinocéros ; ayons cela comme objet de curiosité, chez nous, à côté des magots de la Chine et des vases étrusques.

Mais gardez-vous, *surtout*, de tenir la canne dans *le vôtre* comme un fusil au port d'arme, ou encore d'éborgner les passans en l'envoyant horizontalement sous le bras pour satisfaire le besoin de vous moucher, ou autre. — Il ne faut pas que le public souffre de nos infirmités, c'est une vérité qui crève les yeux.

La canne de jonc verni sent la rue de Jérusalem, je préfère un parapluie rose. Il va sans dire que nous proscrivons toutes ces inventions baroques qui compliquent la canne de circonstances aggravantes ; la canne-siège, la canne-parapluie, la canne à pêche, la canne en fer creux galvanisé, et autres monstruosités qui sont l'antipode du bon sens autant que du bon ton.

Enfin, s'il nous est permis d'énoncer ici notre opinion personnelle, nous n'apprécions la canne que comme moyen irrésistible de séduction entre les mains d'un tambour-major de la citoyenne, ou en cas d'un cor exaspéré. Ayez-en une, vous ferez bien, n'en ayez pas, vous ferez mieux. —

LES DEUX CASTORS ET LE CHAPEAU.

—

Discussion pour la FORME avec quelques LIGNES DE FOND trouvées sur les bords du Mississipi.

> Je me fiche de çà ,
> Comme du Canada.

Sur un bras verdoyant d'un fleuve d'Amérique
   Vivaient, père et fils, deux castors :
De leur immense république
   Qui jadis occupait ces bords,

Eux seuls étaient restés, et non sans grande alerte,
Leur ville ayant été depuis peu découverte,
   Enfin, de tous ses nombreux habitans,
Un vieillard, déjà gris, et l'un de ses enfans,
Jeune homme qui comptait cinq à six mois à peine,
Grace au vieux jouissant de sa peau sauve et saine,
S'étaient seuls échappés de ce massacre affreux.

    Mais de cette sainte prudence
    Qui les avait sauvés tous deux,
L'enfant raillait tout bas : mon père a bu, je pense;
    Avec sa vaine terreur,
    Je puis rire, en conscience, un
    Dans ma barbe, de sa peu
Sans mon respect pour lui, je dev is bien lui dire.

    Un soir, le vieux Castor, au bras du Castoreau,
(Car ses jambes déjà ne le pouvaient conduire)
Se promenait. — Il voit sur la rive un chapeau,
    Que le vent, dans sa folie,
Avait probablement pris à quelqu'étranger,
    D'une façon peu polie.
Père, dit le jeune homme, est-ce bon à ronger,
Ce grand étui tout noir que je vois là par terre ?
Son papa, lui faisant le signe de se taire,
Ramassa gravement le couvre-chef sali,
    S'assit sur un caillou poli
    Et tint à peu près ce langage :
Je suis vieux; si tu veux arriver à mon âge,
Écoute les conseils de l'auteur de tes jours,
    Car je n'y serai pas toujours !

La mort peut me ravir à ta douce tendresse,
Il se peut qu'un matin je meurs de vieillesse ;
Goûte donc ces avis, peut-être mes derniers :
    Tu vois là-bas le plus haut des palmiers?
Eh bien, lorsque le ciel voudra que je te quitte,
Ne dépasse jamais sa lointaine limite !
Il saisit le chapeau : vois ce vil instrument,
Dit-il ; voilà, mon fils, voilà le vêtement
Que nos affreux bourreaux enchâssent sur leur tête.
    Et sais-tu quelle bête
Fournit à ces cruels l'étoffe de ceci?
    Tiens, regarde-moi, la voici !
    (Il montrait sa propre fourrure.)
    Rappelle-toi cette leçon ;
Ces animaux si laids, dont tu vis la figure
    Par les trous de notre maison,
Pour garantir leurs peaux, ils se servent des nôtres ;
Leur gîte est au palmier plus haut que tous les autres.
    Ils appellent cela chapeau ;
    Et, pour qu'il leur paraisse beau,
    Il faut que l'étoffe en soit riche ;
Ce qu'ils aiment le mieux, c'est ce qui vient de nous,
Ils recherchent surtout un poil épais et doux.
Le bord doit être large et la forme corniche ;
Ils le portent cambré, retroussé, même droit,
Rond, carré, pointu, mince, et selon leur figure
    Ou leur tournure.
Veille donc, cher enfant, à rester sous ton toit,
N'abandonne jamais la salutaire enceinte

La mort est au-delà !

Souviens-toi de cela.

Le bonhomme achevait son dernier paragraphe.

Trois jours après, — son enfant le pleura,

      L'enterra,

Et lui fit, en sa langue, une longue épitaphe.

  Bientôt le Castoreau, trop prompt à s'oublier,

Crut pouvoir, sans danger, franchir le grand palmier :

Il fut pris au moment qu'il allait passer outre ;

Mais il était trop jeune, et l'on fit de sa peau,

Qui n'aurait pas suffi pour couvrir un chapeau,

   Une casquette de loutre.

MORALE :

  Ceci prouve aux enfans bien nés,

    Qu'à moins de passer pour fort bête,

Il ne faudra jamais abimer sa casquette,

    —Ni fourrer ses doigts dans son nez !

De l'Habit noir.

A cela de commun avec les cometes,
qu'il a une queue, et n'apparaît que
dans les circonstances effrayantes
de la vie.

UN CROQUEMORT.

Habit noir, que me veux-tu ?

Tu es laid, va-t-en ; d'ailleurs, tu me rappelles des choses embêtantes : un mariage, un enterrement. Je ne veux pas dire que pour ces deux circonstances il faille deux habits ? Non, la banque paternelle est là , qui laisse assez de couture et d'embut pour qu'un coup de fer, un collet de velours et des paremens neufs fassent d'un affreux habit de communion, un ridicule habit de mariage. Quant aux rares apparitions où, sous prétexte de désespoir, la femme soigneuse t'exhume des catacombes de sa commode pour en orner son mari, elles te sont plus funestes que toutes les autres cérémonies ; rien n'use un habit comme un enterrement ! d'abord, pendant la messe, on s'accoude sur sa chaise, et ensuite, pour que la terre soit plus légère au défunt, on s'accoude de nouveau en compagnie de plusieurs messes à seize sous le litre. — Puisque chez nous, un usage ridicule veut que chaque sentiment ait son uniforme, je suis d'avis que dans toutes les circonstances où l'on est censé éprouver de la douleur, on devrait porter un habit en *peau de chagrin*, ce serait bien plus économique, et comme il faudrait plusieurs siècles de douleur pour l'user, ça deviendrait un vêtement patrimonial. On se transmettrait un fond de chagrin ; on dirait j'ai hérité de la douleur de mon père ; et lorsqu'en définitive, le temps aurait triomphé de la robuste constitution de l'étoffe, on pourrait encore l'utiliser pour polir les queues de billard.

Nouveau procédé.

Qui prouve que le cigarre est indispensable
pour qu'un habit aille bien.

Deux succès pour 8 sous.

Ceci, au premier abord, peut sembler un pa-
radoxe ; il n'en est rien pourtant.

Je suppose, lecteur qui savez lire, que vous
n'êtes pas de ceux qui pensent, qu'on doive
être pris dans son costume comme un embou-
choir dans une botte vernie.

Il a dû vous arriver d'être nu, le soir par
exemple, quand vous bâillez en étendant les
bras ; eh bien, une chose que vous ne savez

peut-être pas, c'est qu'en ce moment là vous êtes très beau ! parce que vous amincissez la taille, vous développez la poitrine, et nécessairement sur le dos, aux reins, il s'opère des plis gracieux.

Maintenant, comme il serait inconvenant de bâiller dans la rue, que cependant vous voulez faire valoir votre torse, et qu'il vous faut pour cela un prétexte, vous tirez quatre sous de votre poche et vous fumez un détestable cigarre. Comprenez-vous l'avantage ? vous n'y êtes pas habitué, la fumée vous fait mal aux yeux, le cigarre brûle toujours de travers et vous roussit la moustache ; mais ! et c'est ici qu'est la compensation, vous aurez un délicieux motif de lever fréquemment le bras et de prendre les attitudes les plus merveilleuses, en expulsant votre fumée, en approchant et retirant alternativement le cigarre de votre bouche ; voire même en envoyant à terre un mince filet de salive, avec la dextérité qui vous caractérise.

On ne se figure pas, monsieur, comme un habit peut-être spirituel !

Du Lorgnon sous le point de vue du dos.

As-tu fini tes manières.

CLARA FONTAINE.

Si pourtant votre estomac, ou la conserva-
tion de vos molaires ne vous permettent pas de
fumer, ayez un lorgnon avec ou sans verre.
Par exemple, il est indispensable que vous
soyez myope; après cela vous ne le seriez pas,
ce serait absolument la même chose; et, pour
ne pas tomber dans les redites, vous exécutez,
avec cet instrument d'optique, la même panto-
mime délirante qui a valu à vos omoplates un
succès fou.

C'est vous dire que le lorgnon deviendrait superflu, si, au lieu de le tenir agréablement au bout de votre main gantée, vous vous avisiez de vous l'enchâsser dans l'orbite oculaire, comme font certains melons qui mettent leur œil sous cloche.

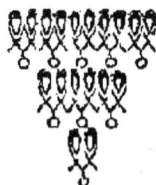

Du Duel comme objet de toilette.

Plomb, poudre et déjeuner.

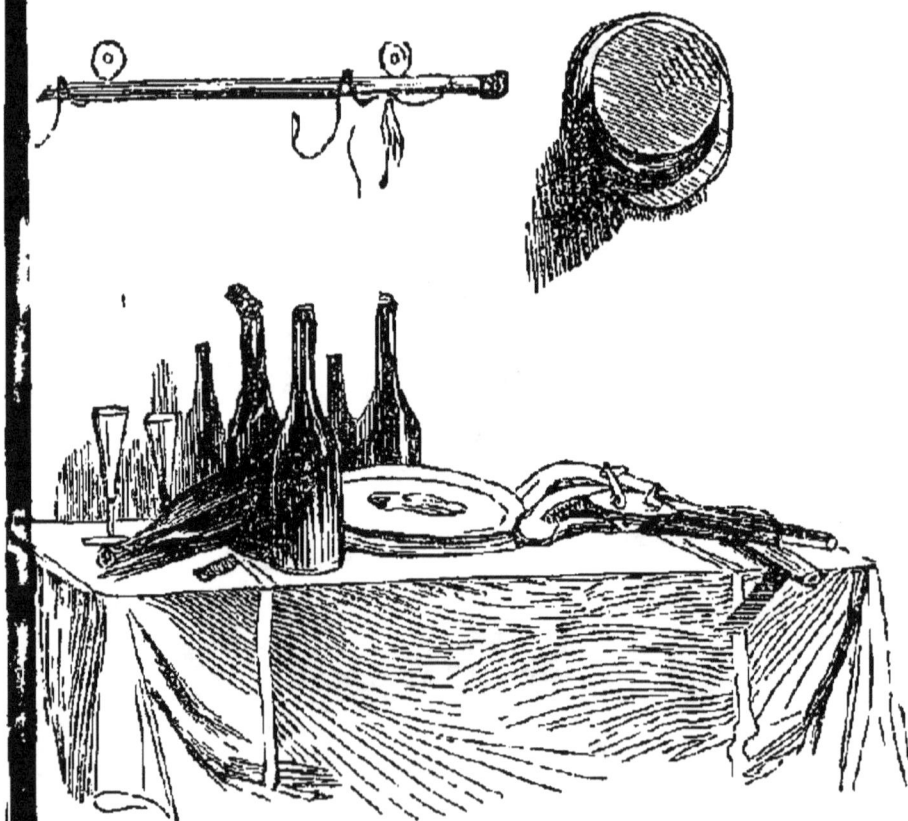

A quoi bou d'être beau, sinon à le faire voir?

Concevez-vous un dandy dans une ile déserte

C'est donc pour vous dire que ce n'est pas le tout que d'être bien mis, et qu'un habile homme a raison de provoquer et de saisir aux cheveux tous les moyens de mettre en relief les agrémens externes qu'il doit à son tail- leur. — *Qu'il doit* ! c'est le mot.

Un duel est donc une occasion superbe de montrer sa mise, dans son ensemble, d'abord quand on arrive, et dans ses détails quand on se déshabille. — Un duel est une coquetterie permise et de bon goût.

Je ne le comprendrais pas comme nécessité, je l'accepte comme objet de toilette.

Un Gilet de santé.

Cis triplex.

HORACE.

Je me rappelle une anecdote dont je ne nommerai pas les héros, par pure modestie, et attendu qu'ils vivent encore.

Il y avait une fois un jeune homme charmant qui n'avait pas le sou; cependant comme il avait de la pudeur et qu'il désirait s'habiller, il s'en fut, résolument, trouver un tailleur renommé, et lui exposa l'immensité de ses besoins et l'exiguité de ses ressources.

Tandis qu'il parlait, le tailleur, homme d'esprit, l'écoutait peu et le regardait beaucoup; d'un regard il avait jugé cette nature de choix, et son parti était pris, avant que le pétitionnaire eût achevé de parler.

Ce tailleur-là était un grand homme !

Monsieur, dit-il au jeune homme, je vous habillerai, mais à une condition; c'est que vous renouvellerez votre costume aussi fréquemment que bon me semblera. C'est le seul paiement que j'exige de vous; voyez si cela vous convient ?

Mon jeune homme croit rêver; bref, sans plus d'explications, c'est marché conclu, et quatre jours après le jeune D... donnait le ton aux lions les plus raffinés, qui tous, comme on peut croire, s'empressaient de lui demander quel divin artiste l'avait habillé ainsi.

D... les envoyait chez son tailleur, et tout était dit.

Jusque-là c'était fort bien, et les riches amitiés, les bonnes fortunes venaient au-devant du jeune dandy ; mais souvent au milieu de son existence de plaisir et d'oubli, pendant une partie ravissante, survenait un billet du tailleur avec injonction d'endosser immédiatement les habits y annexés ; et dame, il fallait s'exécuter !

Cet éternel changement lui devint une fatigue insoutenable, et un beau jour l'ingrat refusa formellement d'accepter la livraison. De là contestation, discussion, dispute, et duel arrêté entre l'habillé et l'habillant. L'affaire fit du bruit ; il était aussi par trop curieux de voir un tailleur provoquer son client, et le client accepter.

Le jour et l'heure arrivent, tout Paris y était, au moins vingt personnes, sans exagérer ; ce que la mode comptait de plus fervens adorateurs, et qui avait voulu voir ce duel inoui.

Vous dire quel luxe de mise avait été déployé des deux parts, serait chose impossible. Le tailleur n'était, parbleu, pas mal ; mais le jeune homme, ah, Monsieur, quel divine tenue de duel! quel pantalon impossible; quel habit inexplicable, et le gilet, grand Dieu! un gilet de la veille, d'une coupe indescriptible et d'une étoffe sans nom, d'une nuance incertaine et tendre; quel gilet!

En le voyant, l'émotion fut si vive chez plusieurs dandys, qu'ils furent obligés de s'appuyer sur leur canne! Quel gilet! on ne conçoit pas, on n'a jamais connu pareil étoffe ni pareil gilet.

L'entrainement me gagne, j'oubliais mon duel, j'y reviens.

Impossible d'arranger l'affaire; mon jeune homme tire le premier, en souriant, et se contente d'enlever le chapeau de son adversaire, en lui disant : à votre tour, mon cher, *et prenez bien vos mesures.*

Le tailleur tire; le jeune homme chancelle, une balle l'avait frappé en pleine poitrine, on s'empresse auprès de lui; il n'était pas blessé, le plomb applati adhérait encore au gilet.

« — Mais, malheureux, m'écriai-je, encore

« essoufflé, savez-vous que vous avez failli me
« tuer !

« — Allons donc, me répondit mon tailleur,
« est-ce que je ne suis pas sûr de mon drap ! »

Vous comprenez l'effet prodigieux de l'aventure. L'étoffe eut un succès fou, et le tailleur fit
fortune ; il se vendit pour 400,000 francs de
gilets pareils, en moins de six mois. Il y eut
même des gaillards qui se firent habiller des
pieds à la tête avec ladite étoffe.

Du reste le nombre des duels augmenta
beaucoup.

Un Homme propre est un Être dégoûtant.

Mœrore conficior.

Rudiment.

Une position plus atroce peut-être que celle de l'homme nu, c'est celle de l'homme propre.

Ici je m'explique; — je conçois et je permets l'aplomb dans deux cas : où lorsqu'il est parfaitement mis, où lorsqu'on est ficelé en vrai titi, en rapin.

Mais il n'est pas en français de termes assez énergiques, assez flétrissans, il n'y a pas de dictionnaire néologique qui fournisse des mots convenables pour qualifier ce honteux milieu en toilette, qui consiste à être, comme dit la masse : *habillé proprement.*

Mon Dieu ! j'ai passé par des épreuves bien cruelles ; j'ai considéré la botte comme une utopie, l'habit comme un mythe ; je ne sais pas ni vous non plus peut-être, quel vêtement l'avenir et les tailleurs me gardent ; mais je t'en prie, Providence, qu'est-ce que ça te fait, prend tes mesures pour qu'on ne dise jamais de moi : *il est habillé proprement.*

O mes amis, défiez-vous de l'habillé proprement ; il est capable de tout, le malheureux, même d'avoir des gants vert-pomme ou un pantalon tomate, et c'est bien certainement lui, qu'Henri Monnier a trouvé, un jour, demandant à son portier : Mon cousin, est-il chez eux ?

De la Mise cossue.

Quand on fut toujours vertueux,
On aime à voir lever l'aurore.

MŒSSARD.

A côté du champignon social précédemment désigné, je rangerai, comme variété du genre, le cossu mâle et femelle. — L'habit est de beau drap, l'étoffe de la robe est belle, mais tout cela est trop court, guindé, empaqueté, mal fait : les manches ont trop d'ampleur; en revanche, les basques sont trop larges et trop courtes, le gilet descend sur l'abdomen ; le pantalon a le droit d'être en nankin ou en lasting fort luisant, large ourlet par le bas et sous-pied contumace : joignez une cravate blanche à coins brodés, rehaussée d'un col de chemise vertueux ; ayez des boutons en diamans sur une chemise à petits plis : chaînes lourdes, breloques, cachets à musique ; montre immense, mais à répétition ; surmontez le tout, d'un chapeau en vrai castor, de forme basse et à larges bords, et vous aurez un marchand de bois retiré, électeur, éligible, et membre d'un conseil quelconque.)

Ce monsieur a bien dû faire ses farces sous l'empire !

Ces gens-là n'ont pas de femmes, ils ont des *épouses*.

L'épouse est nécessairement chamarrée de rubans, de dentelles d'un haut prix, mais jaunes et mal portées; l'enseigne du bœuf à la mode m'a souvent rappelé la manière dont elles drapent leur cachemire. Des couleurs discordantes, des chaussures mal faites, un chapeau en capote de cabriolet, à faire envie aux mar chandes de plaisirs, des cheveux en soie et des gants en coton.

Dire qu'on peut avoir été supportable dans sa jeunesse, et cependant finir quand on attrape un certain âge, c'est-à-dire un âge incertain ; par tomber dans le cossu !

Ce que c'est que de nous !

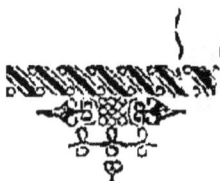

De ce que les artistes appellent du Chic.

Multi appellati, pauci autem electi.

Évangile.

Cherchez.......

De l'influence du Bas blanc et du Brodequin noir, sur l'accroissement de la population.

France. — Population :
Années antebrodequimiennes. 25,000,000.
Années postbrodequimiennes. 33,000,000.

CHARLES DUPIN.

Un beau soir d'hiver par une gelée rude et sèche, Frédéric le Grand se frottait vivement les mains à une fenêtre ouverte de son palais de Postdam; puis, regardant, le ciel bleu et les étoiles étincelantes qui brillaient d'un feu vif et fixe, il s'écria : quelle belle nuit pour la Prusse !

Que de choses dans ce peu de mots.

Frédéric était connaisseur , et sa garde d'é-

hle présentait un ensemble de gaillards solide-
ment constitués, bâtis en conscience et bien
faits pour flatter les regards de cet excellent mo-
narque.

C'est qu'il avait vu, d'un coup d'œil, le digne
homme, qu'il fait très bon coucher deux quand
il fait froid ; que la gelée rapproche même les
vieux époux et les amants brouillés, et qu'alors,
ma foi, le diable a beau jeu.

D'où il concluait, assez logiquement, que cette nuit-là pouvait lui rapporter un assez joli total de délicieux grenadiers de la plus belle venue.

Polisson de Frédéric va! — Pardon, potentat, ça m'est échappé.

Qu'est-ce que ç'aurait été donc, grand Dieu! si de son temps les brodequins noirs et les bas blancs avaient eu *cours* à la sienne; et qui pourra me dire, combien il y a de grenadiers dans un mollet vu à l'échappée, de profil ou de trois quarts.

O ma pensée, sois bonne fille; — ne rougis pas; occupe-toi plutôt de me trouver un statisticien, qui soit le Charles Dupin des alcôves.

Ça n'empêche pas d'être vertueux. — Au contraire.

Vous êtes marié depuis cinq semaines, et vous n'avez pas d'enfant,—vous en êtes étonné; — vous désirez ardemment une progéniture.

Vous vous promenez seul dans les Tuileries, en regardant d'un œil envieux les gentils enfans ; ces fleurs vivantes qui émaillent nos promenades ; puis , involontairement , le regard se porte sur de jeunes et jolies femmes qui partagent leurs jeux et leurs courses.

J'ai dit *et leurs courses.*

Nous sommes en été , la robe est légère , le pied mignon , la cheville correcte , quelquefois il fait du vent et vous oubliez complètement alors de lire le *Constitutionnel.* — Mais vous l'emportez aux frais du cabinet de lecture.

Une fois chez vous, vous dînez bien — vous éprouvez le besoin de vous coucher de bonne heure ; vous avez du vague à l'âme, et si vous ne lisez pas le *Constitutionnel* emporté, il y a gros à parier que, dans *trois termes,* vous ferez une dépense — de deux cents francs à cinquante sous, chez un signe de la croix quelconque, rue des lombards, ou au fidèle berger, sans préjudice du sucre et du savon.

Du Cordon.

Cordon, s'il vous plaît.

Il y a des malheurs affreux dans le monde, et d'autant plus affreux qu'on ne s'en doute pas.

Tuez n'importe qui, c'est reçu ; mais ne soyez pas ridicule.

Exemple :

Vous étiez sorti avec une femme, — mille excuses...... avec votre femme — vous rentrez ; le colloque suivant s'établit en montant l'escalier :

— T'as pas remarqué, Phrasie, comme y a des jours que tout le monde vous regarde et qu'on n'sait pas pourquoi?

— Tiens, t'as songé à ça toi, c'est ce que je m'disais aujourd'hui.

— Dame! c'est que nous étions un peu bien! on a une certaine tournure..... pas vrai, Phrasie:

— Finis donc Théobald! t'est bête..... dans l'escalier! Allons bien, j'ai manqué de tomber..... tu marches sur ma robe!

— Eh non! c'est le ruban de ton soulier; ah ben! il est gentil, doit y avoir un peu longtemps qui traîne, il est tout mouillé et y fait très sec.

— C'est donc ça que l'jeune homme d'en face, que nous avons rencontré, a tant ri en nous regardant!

— Qui ça, Antenor? j't'ai déjà défendu d'hui parler!

— C'est bon, passe devant! tu ferais ben mieux d'rabattre ton collet qu'est retroussé,—

avec le cordon de ton faux-col qui passe,—sans
compter ta poche qu'est retournée.

— C'est d'ta faute ! avant de sortir, — quand
je t'ai dit de m'brosser dans le dos, t'aurais
bien pu voir, au lieu de r'garder en face ! Qué
qu'c'est qu'ça encore qui m'pend ? comme t'es
soigneuse ! si tu ne m'avais pas pris l'lacet de
mon pantalon pour te faire une jarretière,
j'aurais pas été forcé d'y mettre une loque que
j'gagerais qu'on l'a vue ; tiens, j'en suis sûr
maintenant !....

— Comment ça ?

— Pardi ! je m'rappelle à présent qui y a
un gamin qui m'a tiré dans le dos ; même qui
s'est sauvé en criant : *Cordon si vous plaît !*

Ici vous avez grimpé vos cinq étages ; la
porte s'ouvre, se referme, et je vous entends
tomber dans votre chambre.

Le cordon de votre brodequin était resté
pris dans la porte.

Ce que les Jupons blancs donnent à penser.

Femmes, voulez-vous éprouver....

Femmes, voulez-vous éprouver, — ne vous effrayez pas, je ne vous chanterai point le couplet connu ; — femmes voulez-vous éprouver si votre mari, ou, ce qui est plus essentiel, si votre amant a toujours pour vous ce je ne sais quoi qui vous rend toutes je ne sais comment. — Facile.

Une seule condition est nécessaire, c'est que celui que votre cœur a choisi ne soit pas peu-

sionnaire des quinze-vingts. S'il a des yeux
qui y voient — celui que votre cœur a choisi,—
l'épreuve vous coûtera *six sous*; et quelle
femme n'achèterait une tranquille certitude à
un prix aussi modique — *six sous*, trente centimes, une course d'omnibus, pour savoir si
vous êtes encore idolâtrée — c'est pour rien.

Vous vous procurez trois jupons blancs, deux
c'est trop peu , quatre ce serait trop, mais de
ces jupons — blancs à trouver le lait sale et la
neige grise, à faire loucher quand il fait soleil,
empesés ni peu , ni trop, qui se tiennent sans
être raides, qui tombent sans être mous — bien
— que le vêtement indispensable soit d'une
toile un peu forte, d'un écru lavé, de ces toiles
qui ont des plis vigoureux et chauds de ton,—
vous négligerez de serrer la coulisse, — pas le
moindre corset, — je ne vous parle pas de la
chaussure, — les souliers sont interdits aux
femmes qui se respectent. — A moins donc de
chevilles pures, — beauté si rare, — la bottine
de rigueur et le bas blanc bien tiré, — les che-

veux comme vous voudrez , peignés, mais pen-
dans, luisans, mais peu attachés.

Chaque jupon, blanchissage. . . . . 2 sous.
Ci. 6 sous.
On frappe... c'est lui.... allez ouvrir, l'air un
peu indifférent, et embrassez mollement. . .
. . . .
. . . . Une heure
et quart après, votre cœur sait à quoi s'eu te-

7

nir sur ce *que les jupons blancs donnent à penser.....*

NOTA. Pour voir réussir l'expérience ci-dessus, ayez soin de faire ôter les lunettes vertes ou bleues que pourrait porter le sujet de l'épreuve...... Ces verres ayant la triste faculté de travestir les couleurs, il serait possible que le cœur ne fût pas responsable de la manière de voir de ces lunettes.

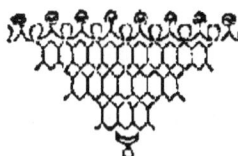

Des jolies femmes qui sont laides, et des belles femmes qui ne sont pas jolies.

> Donnez-moi corset, jupon et coton,
> — je vous rendrai une femme.

Qui ne sait cela; — qui ne l'a senti, — sont-ce les jolies figures qui plaisent toutes. — Non. — Ça ne gâte rien, mais ce n'est pas suffisant.

Nous voyons une femme dans la rue, au spectacle, à la promenade; — qu'est-ce qui nous prend. — Nous la voyons par derrière et elle nous plaît; — elle se met bien, — voilà le grand mot.

La cambrure est soutenue, la robe a de nombreux plis à la tournure, ces plis sont doux et
semblent se mouler sur une forme, la hanche
est moelleuse, le chapeau délicatement posé, le
brodequin est clair et verni, dans la marche on
voit parfois un coin de bas blanc qui donne à
réfléchir sur les questions de continuités. —
Vous êtes amoureux fou. — Si le visage est
passable, vous éprouvez le besoin de faire des
vers, — c'est inévitable. — Si elle est laide,
vous la laissez passer devant, et vous êtes encore heureux de vous illusionner avec ce qu'on
ne voit pas en regardant le visage.

La forme. — La forme, je n'hésite pas à le
proclamer; Théophile Gauthier est un grand
penseur, sans parler de son esprit et de son talent; — la forme, c'est tout.

Passons à l'autre.

Vous apercevez un visage céleste, — vous
faites, diable! Vous laissez passer pour admi-
rer sous toutes les faces; — les plis sont raides,
les mouvemens secs, on est chaussée d'un sou-

lier au cirage Jacquand; la robe tombe sans grâce; — on se met comme ça à Brives-la-Gaillarde. — Vous n'éprouvez pas le besoin de faire des vers, et vous retournez à l'autre, en formulant cet axiôme : *Tournure vaut mieux que figure.*

Pourquoi ne fait-on pas de Corsets en velours noir.

> Lorsqu'en tirant son bas de soie,
> Elle fait, sur son flanc qui ploie,
> Craquer son corset de satin.

Ah cristi !... voyez-vous, il y a des choses auxquelles on ne peut songer sans crisper ses orteils, sans penser au printemps, aux moineaux francs et aux robes de satin noir.

Ah cristi !!... jeunes poètes dont l'âme rêve jupon, dont le cœur bat jusque dans les tiges de bottes, avez vous réfléchi sur les corsets en velours noir — voyez-vous. — C'est à faire des

sauts de carpe à attrister Auriol;—c'est à tré-
pigner comme à un drame d'Hugo ; — c'est à
éclater comme une marmite autoclave.

Ah cristi !!! pourquoi ne fait-ou pas de corsets en velours noir?

De l'Originalité, d'Alcide Tousez, de Van-Dick, de toute espèce de choses, de beaucoup d'autres et des poissons rouges, avec un aperçu sur l'intelligence de ces animaux et leurs dispositions pour le chant.

Tohu-bohu.

Tout ce qui est original est-il bien?
Tout ce qui est bien est-il original?
Commandé de garde, qu'on se présente à la parade en costume complètement Siamois ou Tonquinois, — c'est une fantaisie que je passe, que je comprends et que je partage; — mais coucher avec des cheveux qui jouent le manteau à l'espagnole, — avoir une virgule au menton

et des lunettes ; — affecter le bonnet basque et les coupes extravagantes , — s'attacher à un arbre gigantesque, — excuse de canne, — vitrer son œil, — excuse de lorgnon, — porter des casquettes Buridan et des chapeaux forme biscuit de Savoie. — Est-ce être original.

J'ai peur que ces originaux, par le costume, n'aient d'original que ce côté là. — C'est une mauvaise et pauvre enseigne pour le magasin des idées que cet affichage ridicule.

Soyez de votre siècle. — En laissant grandir vos cheveux, vous ne grandirez pas pour ça. — La bosse du talent poussera-t-elle mieux, parce que votre chapeau sera bombé.

J'adresse ces reproches, surtout, aux jeunes artistes qui, à tout prix, veulent se singulariser.

Visez à la bonne compagnie, sans toucher à l'extravagance.

Est-il nécessaire pour devenir un Rubens, de chercher à prendre, par votre figure, le *chic* de ses créations.

J'ai connu un malheureux jeune homme, *(fortunate senex)* qui ressemblait *à feu* Odry ; et qui, à toutes forces, voulait avoir l'air d'un portrait de Van-Dick.

Il avait acheté un burnouss, et frisait sa moustache en Saltabadil.

Cet infortuné donna la question à sa chevelure quinze grands jours de suite. Il tortura sa barbe, par le fer et le feu, à la faire suer, elle, lui et nous aussi, au point qu'il en maigrit de plusieurs kilos, et tout ce qu'il put obtenir, ce fut d'avoir de faux airs d'Alcide Tousez, qui ne ressemble pas du tout aux portraits de Van-Dick.

L'originalité a donc des limites mal définies, — trop faciles à franchir. — C'est un sentier difficultueux et rapide, dans lequel on ne peut guère rétrograder. Il est entouré de faux chemins et d'écueils où se fourvoyent les *tigres* d'estaminet; — mais qu'évite en se jouant la véritable et pure fashion.

Ce serait ici le lieu de citer avec une scrupuleuse exactitude, ces deux vers si connus, en les modifiant un peu :

> L'original est beau, mais de ses ports sans bords,
> On ne peut plus sortir, quand on en est dehors.

Après ça, l'originalité, même la bonne, ne va pas à tout le monde.

Il est beaucoup d'individus qui ont besoin d'être simples pour ne pas être bêtes. Vouloir donner de la désinvolture originale à ces gens là, c'est vouloir regarder ses sourcils sans glace, — faire pousser des mollets à Levassor, mettre Flore, Lepeintre jeune et Lablache dans un fiacre; — enfin, — c'est ressembler à mon collaborateur, — patient jeune homme s'il en fût, —qui a seriné, trois mois, — *ma Norman-die*, à des poissons rouges, et qui a prétendu qu'ils y mettaient de la mauvaise volonté.

Si jamais ces gens-là voulaient devenir ori-ginaux, — tâchez qu'ils soient toujours des originaux sans copies.

Un Caoutchouc sur le col d'une femme.

Monsieur le Prefct,
Les soussignés, etc.

Pétition.

Ça coûte cinquante centimes. — On en trouve même à un franc, au Palais-Royal, galerie de bois, qui est eu pierre. — Venez chez moi, je vous aurai l'adresse au juste.

Cinq cents francs de récompense en abonnement à un journal chinois, à qui trouvera quelque chose de plus joli, de plus frais, de plus coquet, de plus agaçant, de plus candide, de plus libertin, de plus virginal, de plus dépravé, que ce polisson de petit cordon noir sur un col de femme.

Je vous le dis, en vérité, le caoutchouc a plus fait de brèches à la morale, que les œuvres de Louvet et du marquis de Sade.

Mais c'est que personne encore n'a songé à lui reprocher ses infamies, à ce caoutchouc, mais c'est que la police le laisse vendre dans les rues et sur les ponts, ce caoutchouc immoral.

Mais c'est qu'il semble que ce soit une chose toute naturelle aux femmes d'acheter ce petit brin noir, et de se le mettre sur le col ; tandis que nous autres, dont les veines sont pleines d'autre chose que de décoction de graine de lin, nous trépignons, nous nous arrachons le menton avec les dents, en le voyant passer sur un col gras, blanc, potelé, avec une petite bosse derrière. Ah! ah! ah! ah!........ Je vais écrire au préfet, de police pour que toutes les femmes soient tenues. . . . . d'en porter le plus souvent possible.

. . . .

. . . .

. . . . . Je ferai observer que j'ai dévoré ma plume de fer, en écrivant ce chapitre, ce qui me force à passer au suivant....

De l'art de se déshabiller.

Ce n'est pas le tout que des choux,

Père Leclercq, donnez-moi ma clef !

Màtin ! comme vous êtes beau c'soir, je ne vous ai pas vu sortir.

—Vite, vite, je vous en prie.

—Vous savez que vous êtes à l'amende, il est *eune* heure et quart.

— C'est bien, vous mettrez ça sur ma note; parbleu , mais je vous en prie, ma clef.

—Voilà, voilà.... bonne nuit...

— Bonsoir, bonsoir....

Je me hisse péniblement à mon quatrième,

avec des oh! des ah! des soupirs étouffés, et j'entends le père Leclercq qui dit : Qu'est-ce qu'il a donc ce soir, qu'est-ce qu'il a, je vous le demande?

Ce que j'ai! miséricorde! J'ai, que je suis à la question dans mon juste au corps. (Pourvu que je trouve mon briquet!...)

Mon tailleur est venu ce soir. J'ai un habit neuf, un pantalon neuf, un gilet neuf et des bottes neuves : j'ai endossé le tout, et je suis sorti ; fatale idée !

Mon Dieu! qu'on souffre pour être beau.

A peine dans la rue, mon pantalon m'étrangle ; les entournures me coupent les aisselles ; mon castor me brise le front, et moi, qui suis d'ordinaire d'une si belle pâleur, j'ai des couleurs ridicules comme un commis des deux Magots.

Où diable est donc mon briquet!...

Eh bien! j'ai surmonté tout cela ; on m'attendait au bal, j'y ai été; j'ai voulu danser, ah oui, je t'en fiche, impossible ; j'étais de bois et *peu plié* (sans calembourg), pourtant j'ai essayé, car tu étais là, ò Camille, séduisante fleuriste, tu étais là ! plus légère que les plumes que tu travailles, et mon rival détesté, abusant de son large vêtement, se livrait à des fioritures de danse, auxquelles tu n'étais pas insensible; tandis que moi, moi ! connu pour la noblesse de mes poses et mes pas inimitables, j'étais condamné à la danse la plus funèbre et la plus catacombale.

A l'*avant deux*, j'étais en retard de tout un *balancez*, bien ! le *cavalier seul* seul a failli m'être fatal, parfait ; et pourtant Camille, tu me souriais avec tes dents blanches — chien de briquet !... — tu me parlais avec ta voix douce — gueux de briquet !... — et je ne trouve rien à répondre, l'Elbœuf m'abrutit, mon chapeau comprime mes idées, les passions tumultueuses qui bouillonnent dans ma poitrine vésuvienne étouffent sous un double rang de boutons. C'en est fait! mon rival triomphe ! Ta petite moue dédaigneuse m'apprend que je suis

vaincu, honteusement vaincu, car le galop est
venu, notre galop tant aimé, tant désiré, et je
ne suis pas arrivé à temps pour te saisir; mon
cauchemar m'a devancé, il l'emporte sur moi
et t'emporte sur lui. — Si encore j'avais pu
m'asseoir, mais le *Sedan* ne *cède* jamais. Les
trente-deux sols qui me restent n'ont pu même
me servir à cacher, dans un fiacre, ma honte et
mon gilet (*Blanc* Palais-Royal), on m'aurait
tué, monsieur, qu'on ne m'aurait pas fait lever
la jambe jusqu'au marche-pied. . . . .

. . . .

Ah! enfin, j'ai trouvé mon briquet?.... ça
n'est pas malheureux. — C'est qu'il ne faut pas
croire que je n'en ai pas des briquets, j'en ai
plus que vous, peut-être des briquets, monsieur;
mais il y en a un qui est sur une planche,...
une planche élevée...., et vous comprenez.....
l'entournure. Le fait est que je n'ai pas seulement osé essayer de lever le bras, tant j'étais
sûr d'avance de n'y pas réussir, puisque dans
la soirée j'avais déjà dû renoncer à beaucoup

de choses..... même à me moucher. . . . .

. . . .

J'ai le front un peu rouge, pout! ça ne fait
rien; mes gants sont perdus.....

Comment diable ôter mon habit maintenant?
si je couchais avec? — Oh! une idée, je vais
accrocher le revers à l'espagnolette de ma fenêtre, en me tournant adroitement; si je par-
viens à dégager une épaule, je suis sauvé!....

Oh! allons donc..... ça ne vient pas, si, si
fait, je crois que ça vient? non!... si ma foi.....
Ah!.... en retournant l'autre manche... voilà.

Au gilet, à cette heure; je le déboutonnerais
bien, rien de plus facile, mais je ne peux pas;
il est d'une couleur tendre, j'ai les mains hu-
mides; si j'y touche, autant de perdu. Il faut
défaire le lacet, bon! il y a un nœud; ma foi,
coupons, tant pis..... m'en voilà sorti.....

Je respire :

Il me tarde d'être débotté, comment faire,
moi, qui, avant de mettre mes bottes, les ai
passées dans mon pantalon. — Il faudra quit-

ter le tout à la fois, comme c'est commode!
J'ai bien quelque part un tire-bottes qui est
cassé — ôter un pied avec l'autre, ça compro-
mettrait mon pantalon ventre de biche. — Où
diable pourrais-je me prendre le pied? Que je
suis bête! j'ai un moyen tout simple, je vais
passer délicatement ma jambe dans la tringle
d'acier poli qui soutient ma pelle et ma pin-
cette, c'est propre et c'est solide... Ça y est,
tirons ferme, ah! Dieu, me voilà gentil, bien....
bon..... bravo! La poignée de fer n'a pas cédé;
comme je le disais tout-à-l'heure, c'est propre
et c'est solide; mais la cheminée est venue
avec..., je n'avais pas songé qu'elle était à la
prussienne. — Le tuyau est tombé, mon pantalon est propre, merci! je ne puis plus dégager
ma jambe, je ne veux pourtant pas coucher
avec une cheminée au pied, ça ne ce serait jamais vu... Ah! je crois que ça se défait.

Il faut prendre son parti, la jambe droite est
perdue, c'est réglé; puisqu'aussi bien, je ne
pourrais pas retirer mes bottes autrement, cou-

pons le drap... Ma foi, j'en ferai encore une soignée culotte de postillon pour cet hiver.

Victoire ! j'ai ôté mes bottes, j'en suis quitte pour un bleu sur le tibia.

Qu'on est donc bien en grand négligé : j'éprouve le besoin de crier de toutes mes forces, tant pis pour les voisins.

A la lanterne, les corsets, les lacets, les

ceintures ; vivent les Cosaques , les Turcs , les paillasses , les pantalons larges ! les blouses , les peignoirs, les paletots et les sans-culottes !

Je vais me coucher , moi... Vive l'empereur ! c'est-à-dire... vive l'ampleur...

O vous tous qui vous habillez , je me plais à croire que vous vous déshabillez quelquefois ; profitez donc de mes malheurs , ne vous fiez pas trop aux cheminées à la prussienne ; ayez des domestiques si vous pouvez ; et dans le cas contraire, si vous n'êtes pas assez *aisés*, tâchez du moins que vos vêtemens le soient.

Ode au Tailleur.

O toi, dont les ciseaux hardis et gracieux
Savent donner au drap cet air qui vient des cieux,
TAILLEUR¹—qui, par ton art, fais un riche d'un cuistre,—
Un habile d'un sot, et d'une huître un ministre, —
D'un Flourens canardier un académicien;
Toi, second createur, sans lequel nul n'est rien,
Grand octroyeur du rang, dispensateur du grade;

TAILLEUR¹—De vanité n'es-tu donc pas malade,
A voir ces vers de terre appeles les humains
Contraints de se plier sous tes puissantes mains ?
Quel homme à tes pouvoirs oserait se soustraire ?
Le riche en son palais, — le pauvre en sa misere, —
Le mendiant, le roi, le premier, le dernier,
Quel qu'il soit, quoi qu'il soit, t'apporte son denier.
Aucun n'échappera, ni le fou, ni le sage,
A moins d'être —que sais-je?— à moins d'être un Osage

— Sans toi, Divinité,
Mais tout serait de bosse et de difformité ;
L'œil effrayé verrait trop souvent, par nos rues,
Bien des cagnosités honteuses d'être nues ,
Des poitrines de coq , — qui nous donnent le ton, —
Surprises de marcher sans crin et sans coton ;
Des bras atrophiés, — des dos sans face humaine,
Et d'introuvables chairs sous des peaux à main pleine !
Horribile visu !

—Robe, habit , pantalon ,
Par pitié, cachez-nous du cou jusqu'au talon ;
Sans vous, — sans vos feseurs, — l'illusion est morte.
Au bonheur, l'habit seul peut entr'ouvrir la porte.
A seize ans, et plus tard encor,—le vêtement
Fait rêver,—même alors qu'on se doute qu'il ment;
Je dirai plus : un nu serait-il adorable,
Gagne, à se deviner, d'être plus desirable.

[faits ;
Donc,—grands, petits, ou gras, beaux, laids, tortus, bien-
Nous tous,—à toi, Tailleur ! —Merci de tes bienfaits ;
Prends ce titre de gloire,—ornes-en ta boutique,
Et tâche, pour un franc, d'en parer ta pratique.

A GAVARNI.

Gavarni, tant pis, je te tutoye. Je ne te connais pas, je ne t'ai jamais vu ; mais tu as de l'esprit, énormément d'esprit; tant pis, je te tutoye, ça me flatte.

Tu m'as semblé l'homme de notre époque qui as le mieux compris l'actualité du costume.

Je ne puis donc finir sans reconnaître que s'il se rencontre, par-ci par-là, dans ce volume, quelques heureuses inspirations. Je te les dois.

Merci !

Merci pour le passé, merci pour le présent. C'est bien le moins que celui auquel tu as fait tant de plaisir, te dise qu'il y a, dans un coin de

Paris , deux gaillards invernis ingantés et parfaitement inconnus, qui te comprennent et qui t'aiment.

Gavarni , — homme du vêtement, — je te vote, à l'unanimité, une apothéose excentrique de pieds fins de débardeurs , de regards ombrés , de plis qui accusent, de dos qui se cambrent , de reins qui se cabrent , de femmes qui se campent.

Puisses-tu être enlevé dans une gloire de paletots-Humann, de pantalons audacieux, de gilets, de chapeaux, de bottes, finis, hardis, vernis , avec vignettes, culs de lampe, tam-tam et flammes de Bengale !

La Marseillaise!...........

Tout exemplaire revêtu de la signature de l'auteur sera poursuivi comme contrefaçon.

TABLE DES CHAPITRES.

—

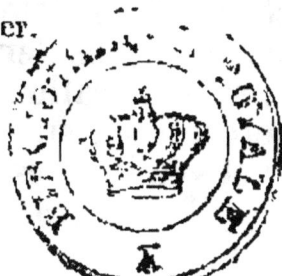

CÉLÉBRITÉS MÉDICALES

ET

CHIRURGICALES CONTEMPORAINES,

En vente : MM. Larrey, Orfila, Velpeau, Magendie, Breschet, Chomel, Roux, Cruveilhier.

Les 50 premières livraisons seront consacrées aux médecins français contemporains les plus célèbres.

Les 50 dernières aux célébrités de second ordre.

Une livraison avec portrait chaque semaine.

50 Centimes.

10 livraisons formant un beau volume.

Les Souscripteurs reçoivent un Titre et une Couverture de 10 en 10 livraisons.

INFLUENCES DU TABAC SUR L'HOMME. Précédées de l'histoire du tabac, son commerce ; des considérations relatives à sa culture, sa fabrication, sa vente et son régime de perception, suivies de ses actions médicales et vénéneuses. 1 vol. in-8. Prix : 3 fr.

PHYSIOLOGIE

DE L'AMANT DE CŒUR.

1 volume illustré. — 1 fr.

126

PHYSIOLOGIES ILLUSTRÉES.

---

www.ingramcontent.com/pod-product-compliance
Lightning Source LLC
Chambersburg PA
CBHW052219270326
41931CB00011B/2406